AF331622

DE L'ESPAGNE

ET

DE LA FRANCE.

PAR M. A. DE F***.

———＊———

(Ce petit écrit étoit destiné au Conservateur;
mais, une plume plus illustre ayant déjà entre-
pris d'y traiter cet important sujet, je le publie
à part dans l'espoir qu'il ne sera pas tout-à-fait
inutile.)

Des troubles viennent d'éclater en Espagne.
Sept bataillons du camp devant Cadix se sont
déclarés pour les Cortès. Ce mouvement paroît
toucher à sa fin.

On ignore encore ici les vrais motifs de cette
insurrection. Un homme sans prévention peut

les chercher dans l'aversion des troupes pour une expédition d'outremer; dans la longue incertitude où on les a tenues; dans les rigueurs forcées d'une épidémie récente; dans un séjour trop prolongé près d'une ville où la Junte avoit tenu ses séances.

Il pourroit les chercher encore dans l'esprit d'indiscipline, naturel à des hommes qui ont fait long-temps la guerre, pour ainsi dire un à un, selon leur caprice et pour leur propre compte; peut-être dans le défaut de paye; enfin dans des vices d'organisation militaire.

Voilà plusieurs causes naturelles entre lesquelles on peut choisir en y joignant le mobile puissant d'une séduction exercée par les mécontens, car l'Espagne en a, puisqu'elle a des coupables.

Quel que soit le motif de cette défection, l'honnête homme de tout pays s'afflige de voir troubler la paix d'un empire: l'honnête homme français s'en afflige plus particulièrement parce que depuis cent ans il se sent parent, ami et allié naturel de l'Espagne; parce qu'il estime dans ses peuples généreux une résistance dont il n'a pu s'honorer lui-même; parce qu'enfin il se sent besoin de séparer sa cause de celle de leur oppresseur.

Ce sont là sans doute des sentimens justes, droits et vraiment libéraux.

Mais sont-ce bien ceux de tous les Français ? Non, si nous entendons par Français des factieux qui, enhardis par la clémence, s'obstinent à renier la France, c'est-à-dire ses Rois, ses lois, ses institutions et son antiquité de quinze siècles, pour s'y faire une patrie de trente ans.

Ceux-là ne partagent point ces sentimens honorables. Ils ont tressailli de joie en apprenant qu'un soulèvement menaçoit la paix de l'Espagne ; ils l'ont grossi, ils lui ont, de leur pleine autorité, livré Cadix et Madrid : ils ont proclamé que c'étoit *le fruit des moyens extrêmes*, et nous ont fait entendre que le Roi d'Espagne n'avoit pour ami que la *populace*, cette populace qu'ils nomment *peuple* et *nation* quand elle signe au cabaret des pétitions ennemies du trône.

Entre mille raisons qu'ils ont de s'en réjouir, on en peut distinguer quatre principales :

L'Espagne vit sous un sceptre légitime, sous un Bourbon : c'est assez pour qu'ils la haïssent fidèle, et la protégent révoltée.

L'Espagne a conservé son trône entier, ses anciennes institutions. Elle repose sur ses vieilles bases. On n'y a pas démoli les pierres pour y édifier du papier.

L'Espagne a repoussé les fers que ces tendres amis de la liberté lui apportoient au nom d'un despote. Elle a donné le branle au mouvement européen qui a fini par enchaîner ce Prométhée sur le roc de Sainte-Hélène.

Enfin, l'Espagne étoit en paix, et cet exemple fâcheux alloit à prouver qu'un Etat peut subsister sous *la tyrannie, l'inquisition, le fanatisme* et *les moines;* car on sait que l'Espagne vit sous toutes ces choses.

Que de motifs à leur haine !

Il leur importoit donc beaucoup que l'Espagne fût agitée, pour pouvoir dire que c'est faute de libéralisme qu'elle ne jouit pas de cette paix profonde et de cette pleine confiance dans le présent et l'avenir, dont ils ont fait l'apanage des Français. Cela leur importoit au point que si ces amis de la paix étoient moins empêchés à l'entretenir en France, on pourroit justement les soupçonner d'avoir contribué à la troubler en Espagne.

Tels sont les principaux motifs de la joie des démocrates, à la nouvelle de l'insurrection d'Espagne.

Mais nous n'avons parlé que des factieux. Disons un mot de leurs dupes; ceux-ci sont au moins de bonne foi.

Il faut convenir qu'il y a en France un grand nombre de bonnes gens, qui sont pleins de sensibilité pour le peuple espagnol. Endoctrinés par *le Constitutionnel* et *la Renommée;* ayant lu l'histoire, dans les *Voyages de Scarmentado*, ils prennent l'Espagne, tout juste, au règne de Philippe II, et n'y voient que familiers de l'inquisition, Carochas et Sanbenitos. Ils ne savent pas que de nos jours, on ne brûle, en Espagne, que les écrits jacobins, et que l'inquisition, pleine de douceur, n'y est plus que la police de la morale et de la religion, sans contredit, la meilleure dans un pays civilisé, parce qu'elle y économise celle des filles, des jeux et des filous.

Mais le grand mal, en France, c'est que les dupes qui lisent et raisonnent d'après leurs lectures, s'y sont multipliées en raison directe du nombre des journaux; en sorte qu'on y parle et juge de politique, l'alène ou la brosse à la main. Il y a quelques jours une femme, se trouvant aux bains de Montesquieu, entendit causer deux servantes. L'une disoit : « Sais-tu que l'Espagne est en feu?—Je le crois bien, répondoit l'autre; comment cela peut-il être autrement, dans un pays gouverné par l'inquisition ! » Voilà ce qu'on apprend au peuple en France. Nous raisonnerons un moment sur ce sujet; non pas avec ce pauvre peuple, qui perdroit son temps à un cours de politique; non pas avec ces docteurs, qui aiment mieux en faire qu'en écouter, mais avec ces bonnes gens d'entre-deux, qui ont le cœur assez simple pour permettre qu'on les instruise.

Pour rendre nos raisonnemens plus sensibles, nous comparerons, en peu de mots, l'état de l'Espagne et celui de la France.

En Espagne, le trône est resté absolu comme il l'étoit sous Charles-Quint, sauf ces adoucissemens qu'apportent, dans un tel gouvernement, une longue habitude de la paix, et le progrès des idées, qui, depuis plusieurs siècles, chemine constamment vers l'amélioration du sort des peuples.

Supposons que ce gouvernement ne fût pas celui qui convenoit le mieux à l'Espagne ; supposons même que le meilleur parti pour elle, étoit celui qu'auroient pris les Cortès, de jeter au feu toutes les anciennes institutions, et de recommencer un pays tout neuf, fondé, comme la France, sur une charte : c'est concéder beaucoup ; cependant il restera encore à examiner un point de fait : pouvoit-on le lui donner ce gouvernement ?

L'Espagne s'étoit soulevée pour son roi absent. Une régence gouvernoit en son nom ; mais, en même temps, Buonaparte couvroit ce royaume de ses armées. L'anarchie y étoit complète. Dans ce chaos favorable aux partis, il s'en forma un d'hommes ennemis de l'oppression, mais partisans des idées françaises. Ils se trouvèrent les alliés naturels de ceux qui combattoient pour leur roi, et tous les deux s'u-

nirent pour repousser le joug étranger. Mais
quand il fut secoué, on dut se partager sur l'em-
ploi de la délivrance. Les uns avoient vu dans
le trouble un germe de liberté, les autres n'y
avoient vu qu'un malheur public. Quand les
premiers ne furent plus les adversaires de
l'usurpateur, ils se trouvèrent l'être du roi légitime et des lois de leur pays.

Personne ne pourra dire que cinq années de
désordre eussent pu anéantir les lois de la monarchie espagnole, de manière à faire place le
droit, et sans contestation, à un ordre de choses
tout nouveau. Qu'en France on dise, en parlant
de l'ancien régime, qu'il y a prescription, et
qu'on ne peut en rien conserver; ce raisonne-
ment a au moins quelque chose de spécieux;
car on prescrit par trente ans, et la révolution
y a été complétée. Aussi on ne se dispute guère
avec les démocrates sur la question de rétablir
ou non, d'anciennes choses, mais sur la possibilité que la France subsiste sans le faire.

Mais en Espagne une révolution avoit été à
peine commencée; on n'y demandoit pas comme
ici à suivre une révolution finie, mais à déve-
lopper une révolution naissante. Cette révolution n'avoit encore rien fondé, rien ordonné
dans l'Etat; elle n'avoit aucune force pour se
soutenir elle-même, ou pour soutenir un roi
qui en eût fait la base de son trône.

Si d'un côté elle n'avoit rien pu créer, de l'autre elle n'avoit rien pu détruire; car tout l'ancien ordre de choses existoit encore. Le clergé possédoit la plus grande partie de ses biens, et la guerre civile n'avoit fait qu'accroître son empire. Sa hiérarchie, ses priviléges étoient restés intacts. Le peuple n'avoit rien perdu de sa religion, et il aimoit les prêtres et les moines autant qu'il convient de les haïr, pour pouvoir se dire libéral.

La noblesse conservoit sa puissance, ses richesses, et son rang politique.

Toute corporation, toute hiérarchie, toute propriété, toute institution étoit entière.

Enfin le royaume étoit encore ce qu'il étoit cinq ans auparavant, à cela près de ce que Buonaparte y avoit tué ou perverti.

On peut donc dire que le nouvel ordre n'existoit pas, que tout l'ancien étoit debout.

Dans cet état de choses, quel Roi, sientreprenant fût-il, et quelqu'engoué qu'on voulût le supposer des systèmes modernes, eût osé jouer un si terrible jeu que de se liguer avec les auteurs d'une constitution nouvelle contre un peuple attaché à ses anciens usages, contre un peuple qui venoit de les défendre, et de les conquérir, et qui aimoit dans son Roi, leur garant et leur conservateur?

Si un Roi eût voulu tenter une telle entreprise,

que fût-il arrivé? Probablement qu'au lieu de maintenir pendant six ans, son pays en paix, et de n'y avoir à désarmer que le petit nombre des novateurs, il y auroit aussitôt rallumé la guerre qui couvoit encore, et se seroit donné son peuple entier à combattre sans autres alliés que ce petit nombre.

Ainsi, sans considérer le mérite intrinsèque du nouvel ordre, et les abus de l'ancien, ce qui nous mèneroit trop loin, il nous suffit ici de la question de fait, la possibilité, et nous la croyons décidée.

Le Roi, devant prendre ce parti, a dû le soutenir, et l'a fait, malgré les circonstances difficiles où l'ont placé ses colonies attaquées, et les germes de division qu'on avoit libéralement semés en Espagne. Il l'a fait constamment. Il n'a point dévié de la ligne droite et royale; enfin il a prouvé qu'il croyoit à la royauté, et s'est montré Roi de pleine conscience, ce qui n'est pas un mérite médiocre aujourd'hui où les Rois mettent une sorte d'orgueil à placer leur philosophie plus haut que leur trône, et aiment à montrer qu'ils ont trop d'esprit pour être dupes de leur grandeur.

Ce peu de mots sur l'état de l'Espagne peut suffire à tout homme impartial pour juger qu'on n'y a fait que ce qu'on devoit faire, et même ce qu'on étoit obligé de faire.

Comparons-lui maintenant l'état de la France où l'on s'est livré, corps et biens, au torrent des nouvelles idées.

Les libéraux disent que l'Espagne seroit sauvée, si elle eût imité la France. Nous pensons au contraire que la France seroit sauvée si elle eût imité l'Espagne : c'est-à-dire (car il faut s'expliquer nettement devant des gens tout prêts à vous interpréter), si elle eût donné un frein solide à la démocratie, une grande puissance au trône, et une pleine paix au peuple. Rien de tout cela n'est hors de la Charte.

Nous irons plus loin : nous dirons que, quand même on voudroit supposer que l'Espagne eût pu ou dû être gouvernée par des systèmes démocratiques, cette supposition ne pourroit pour cela s'appliquer à la France. Examinons cette question.

L'Espagne avoit une révolution entamée; la masse étoit en mouvement; le peuple entier (on ne révolutionne dans les systèmes d'aujourd'hui que par le peuple); le peuple entier y avoit contribué. Le clergé, la noblesse, les grands propriétaires encore subsistans pouvoient prendre leur part de cette révolution, y asseoir leurs intérêts, et la rendre formidable au trône de toute leur puissance. Au retour du Roi tout fermentoit; tout, hors lui-même, étoit dans sa force, force trompeuse et éphémère comme la lièvre, mais qui, telle qu'elle étoit, pouvoit imposer des lois, au moins passagères comme elle. On pourroit donc admettre qu'un Roi, long-temps captif hors de son pays, trouvant au moment de sa rentrée une nouvelle puissance établie, se vît contraint de transiger avec elle, et que, soit que tout ce peuple armé fût devenu dans la guerre ce que devinrent depuis les landwers d'Allemagne, soit qu'on le lui représentât comme tel, soit enfin que l'empire des Cortès fût trop bien assis pour qu'il osât le combattre, il jugeât sage de se soumettre à la nécessité, et de recevoir l'Espagne telle qu'on la lui avoit faite.

En France les choses étoient bien autrement.

La révolution complétée y avoit ôté tout ce qui fait poids et solidité dans un empire.

Et d'abord la religion qui fait le fond de tout Etat, parce qu'elle comprend en elle et l'organisation sociale et les devoirs qu'elle nous impose, et les sentimens qui nous y attachent : principe qui favorise, il est vrai, le pouvoir, mais qui pourtant le limite, en plaçant par-delà les Rois et au dedans de nous-mêmes une puissance plus grande que la leur.

Elle avoit ôté ces grands corps de l'Etat, qui, forts de leur poids personnel, maintenus debout entre deux masses qu'ils séparent, et les contenant par le besoin qu'ils ont de se soutenir eux-mêmes, préservent le trône en posant une digue à la révolte, et le peuple en mettant un frein à la puissance. Le clergé propriétaire, institution admirable comme toutes celles qu'a créées le temps, qui éternisoit en colonne de l'Etat une propriété, immobile pour les siècles, mobile à l'infini pour les hommes; institution en quelque sorte républicaine, qui ouvroit à tous, et jusqu'aux derniers, une ambition sans bornes, mais viagère et toute fondée sur la paix de l'Etat et l'affermissement de sa base. La noblesse, considérée, non comme foule d'individus titrés, mais comme corps d'aristocrates puissans; cette élite des nations dont aucun peuple n'a pu se passer, qui renaîtra autant de fois qu'on aura cru la détruire, et que la monarchie, puisqu'elle est une de ses conditions nécessaires, doit aimer mieux brillante de gloire, rassasiée d'honneurs et en paix sur son vieux patrimoine, que naissante, pauvre et affamée d'or et de conquêtes. La magistrature enfin, objet de respect et d'envie pour l'Europe, où l'on voyoit de longues générations de mœurs chastes et de vertus austères vieillir par choix dans un labeur pénible, sans autre récompense que l'honneur d'y épuiser leur fortune et leur vie.

La liberté avoit détruit ces trois remparts que le despotisme n'auroit pu renverser; mais que n'avoit-elle pas détruit encore !

Toutes les corporations, quelles qu'elles fussent, ces petits boucliers de la liberté publique, sur lesquels le pouvoir ne pouvoit (vu leur masse) agir qu'avec ménagement.

Les états provinciaux par lesquels la puissance, traitant de Roi à province, devoit être plus retenue dans ses prétentions.

Enfin la grande propriété, l'antique considération, l'éducation religieuse, les vieilles mœurs pleines à la fois d'obéissance et de liberté, ces mœurs si fortes qu'elles tempéroient une monarchie par des chansons.

La révolution avoit tout subdivisé, tout analysé, les châteaux en pierres éparses, les terres en arpens, les corps en individus, et tout en une poussière nivelée que le vent du pouvoir pouvoit balayer à son gré.

Quelles chances, quels gages pour le despotisme! Et si vous y joignez que cette même révolution, et ses héritiers ont pourvu, par leur code, à ce que rien ne se recomposât, à ce qu'aucune agglomération future n'apportât le plus petit obstacle au passage de la puissance absolue. Si vous y joignez que l'épreuve étoit faite, les preuves acquises, et que pendant treize ans le despotisme le plus injurieux avoit rasé ce niveau sans qu'un seul atôme s'élevât pour le contester : que direz-vous de la France au retour de ses Rois? La comparerez-vous à l'Espagne?

Et ne conviendrez-vous pas que, quand même il seroit prouvé que la seconde eût pu choisir le gouvernement de Sparte, il ne le seroit pas moins que la première eût pu subir celui de Constantinople ?

Avouons donc ce triste résultat de notre comparaison : il n'existoit en France qu'une seule chance pour la liberté, la magnanimité du Roi. Il l'a donnée ; il pouvoit la refuser ; car, ne nous le dissimulons point, dans notre position européenne, un Roi a de droit une armée , et tout Roi qui a une armée devant un peuple épars et dissous, devant un peuple dépouillé de ses mœurs, de ses corps et de ses institutions, ce Roi est absolu par le fait et constitutionnel par choix.

Mais, après un tel aveu, il est juste de considérer aussi cette question sous sa face opposée. Quand le trône est la seule force debout dans l'empire, et qu'il ne s'y trouve plus de puissances intermédiaires, alors ce trône est exposé à toutes les chances du povoir isolé. Il peut venir des temps où le peuple se réveille, et, trouvant toutes les barrières abattues, se mesure corps à corps avec lui. Il peut s'en trouver d'autres où un Roi, trompé par une faction ennemie de son autorité, mette toute sa force dans son erreur, et travaille de sa pleine puissance à se perdre lui-même. Alors cette pleine puissance, ne rencontrant nul obstacle, se précipite elle et son peuple, et la chute est d'autant plus imminente et profonde que le pouvoir est plus absolu.

Ainsi peuples et Rois ont un égal intérêt à créer entre eux des forces intermédiaires, c'est-à-dire (car il ne faut pas s'abuser sur les mots), des solidarités permanentes fondées sur des droits et des propriétés. Mais l'intérêt des peuples y est bien plus grand que celui des Rois; car le despotisme, inévitable là où manquent ces milieux, le despotisme est passager au peuple, et durable aux Rois. Que font donc les royalistes quand ils demandent des institutions intermédiaires? Ils plaident pour la liberté du peuple. Que font les démocrates quand ils les repoussent? Ils travaillent pour un despote futur.

Terminons par appliquer nos principes à la France et à l'Espagne.

Quand un empire a conservé ses élémens naturels, il peut éprouver de ces déchiremens dont l'histoire est pleine; il en souffre, mais il y survit. Un Roi d'Espagne peut être chassé de son palais, privé de son armée, errant dans ses provinces; mais la religion, les vieilles mœurs, les institutions sont là, et, s'il ne cherche pas à se perdre lui-même, il n'a qu'à laisser faire au temps; il lui rendra sa couronne. Un Roi d'Angleterre peut voir dans Londres un nouveau Watt-Tyler et tous les radicaux des trois

royaumes ; mais la révolte traverse, et meurt ;
l'Etat reste, et le trône subsiste, car ses bases
sont à l'abri d'une tempête. Un Roi de France
supposé dans une position semblable n'auroit
pour bouclier que son armée, puisqu'aucunes
barrières ne défendent plus son empire, et si
cette armée étoit pervertie, si elle étoit désorga-
nisée, si la trahison ou l'ineptie avoit long-temps
travaillé à en altérer la fidélité..... il n'est pas
donné à ceux qui mourroient alors pour lui,
de prévoir de sang froid quelles seroient les
conséquences ; mais on peut croire que d'autres
ont su les calculer.

IMPRIMERIE DE LE NORMANT, RUE DE SEINE, N° 8.